COLOR TEST

SPRUNKI

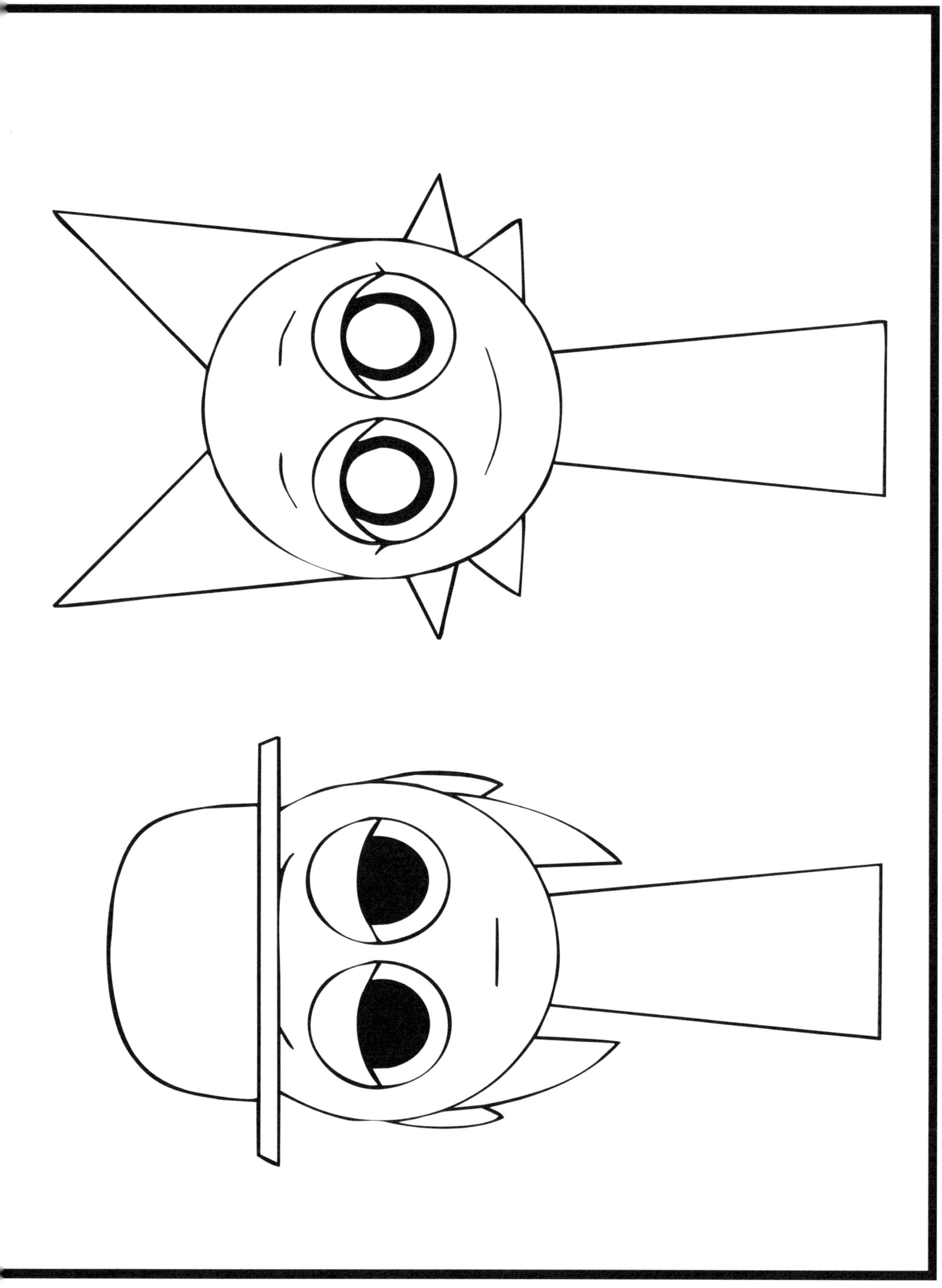

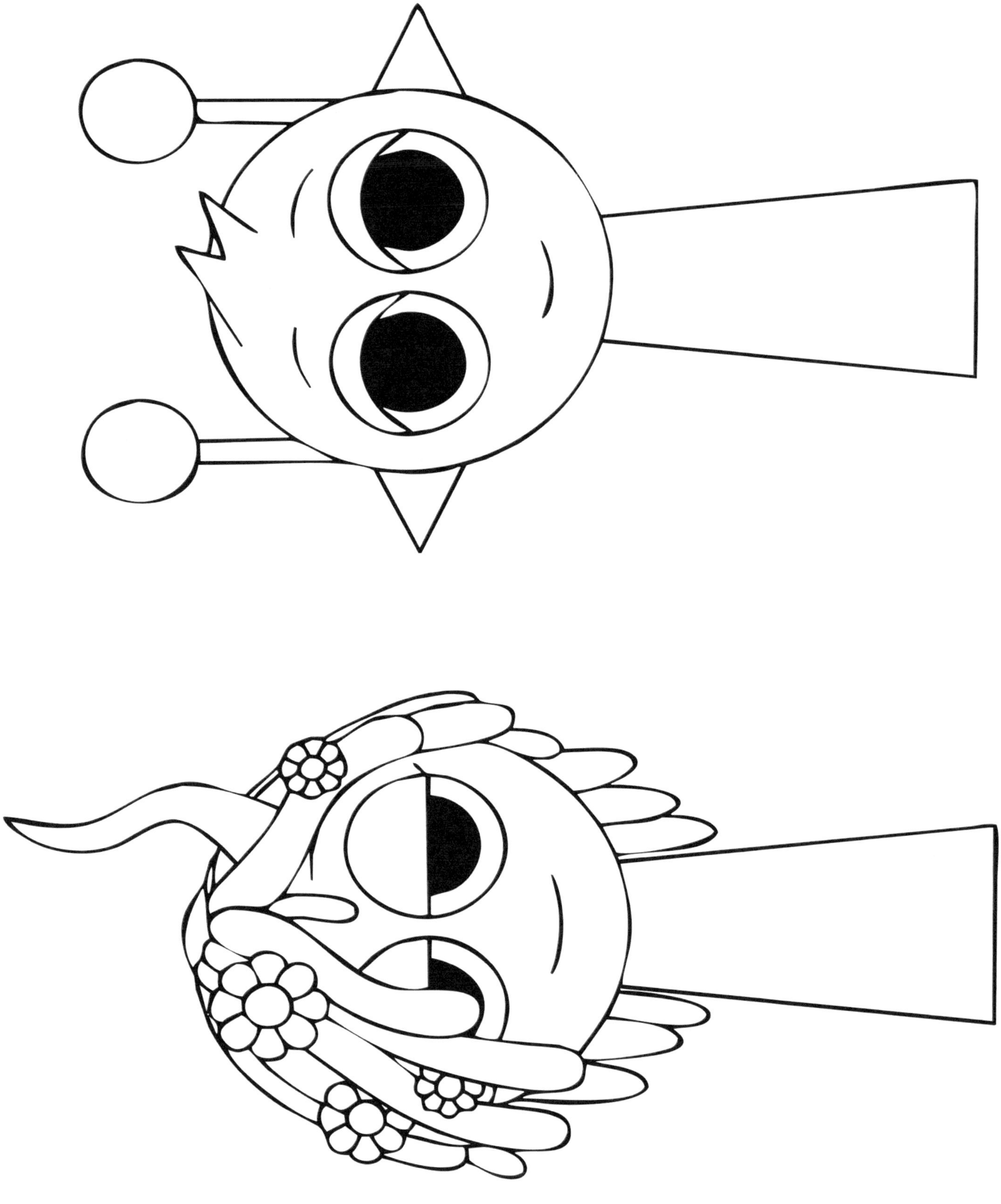

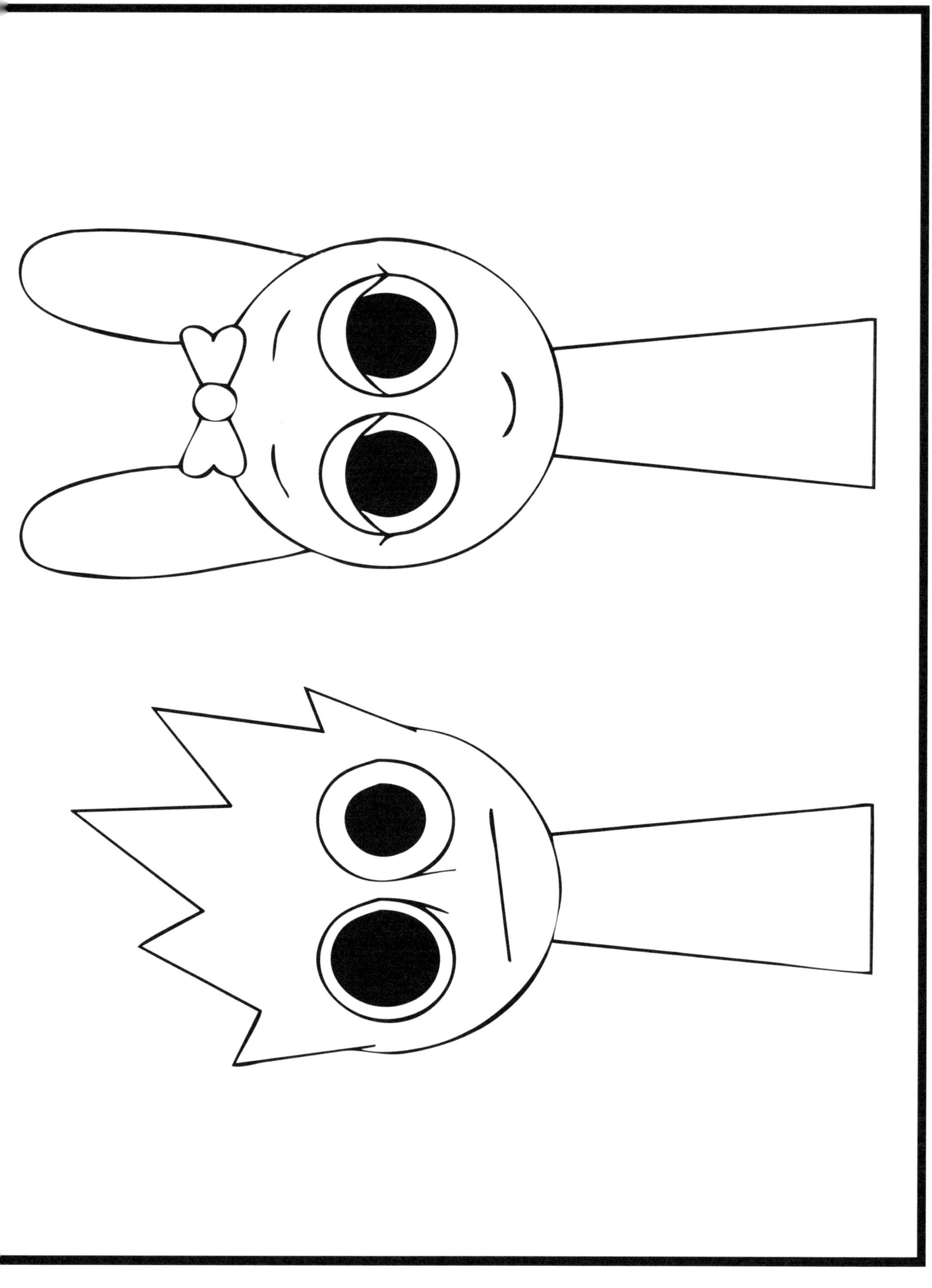

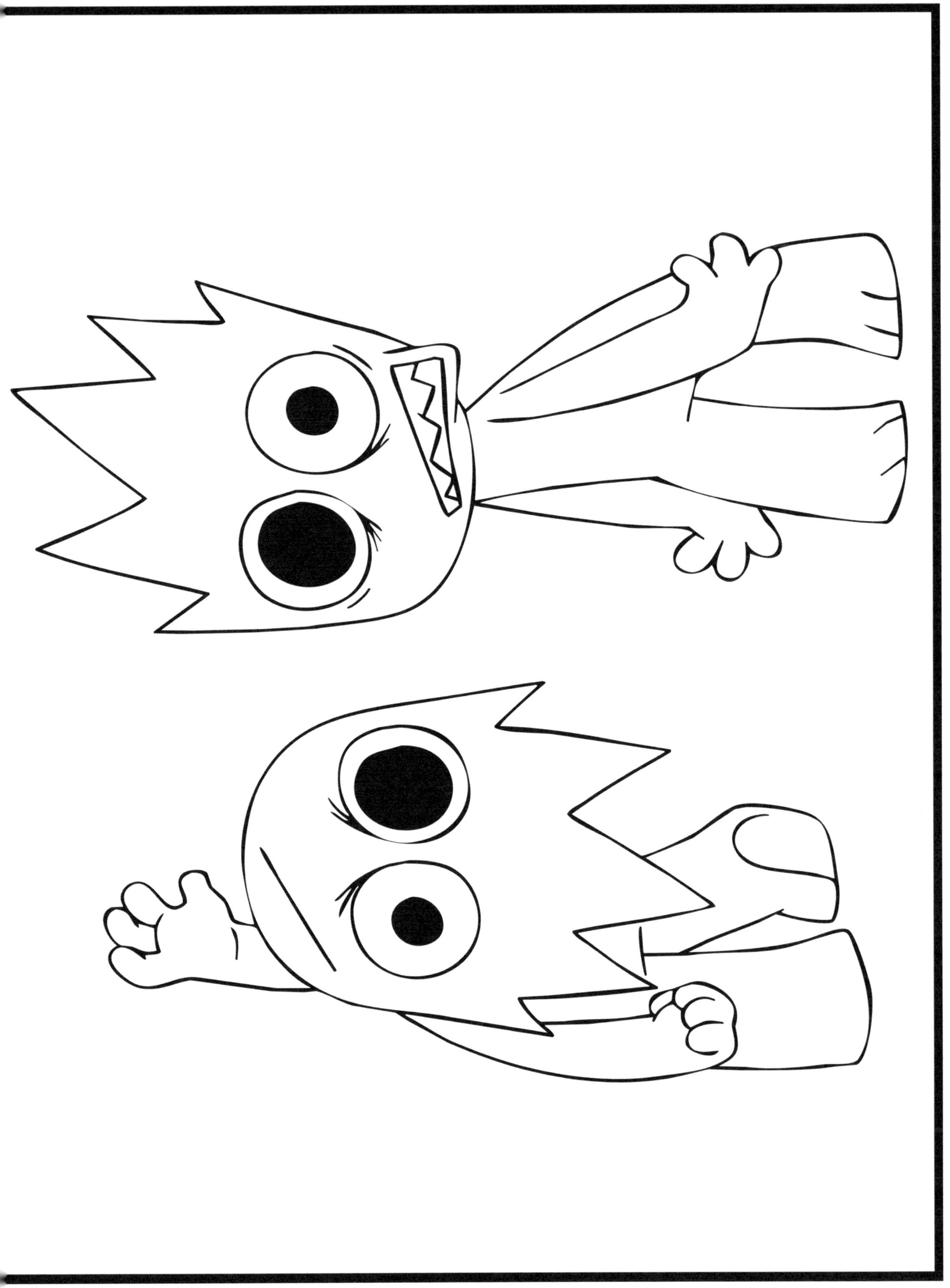

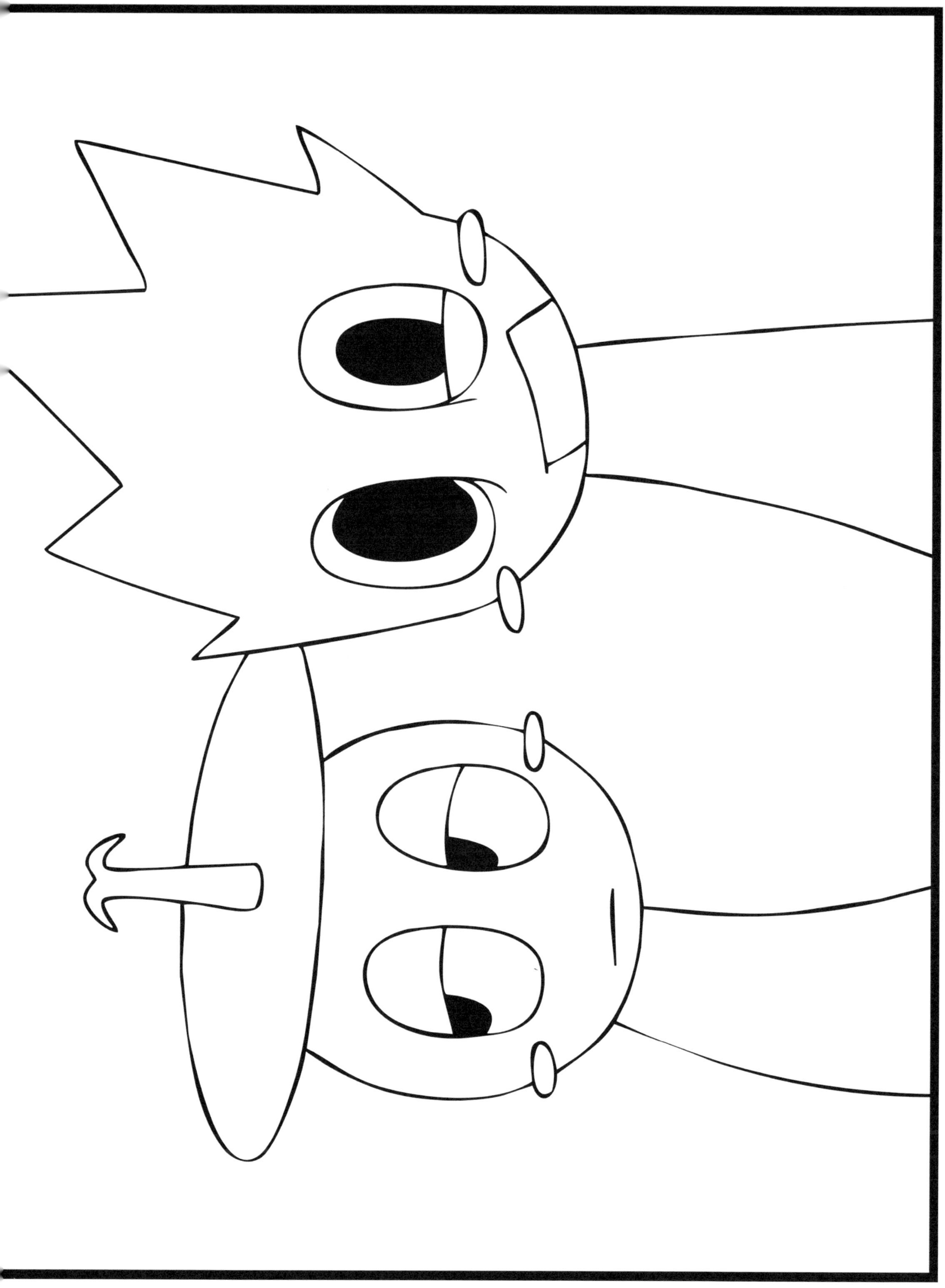

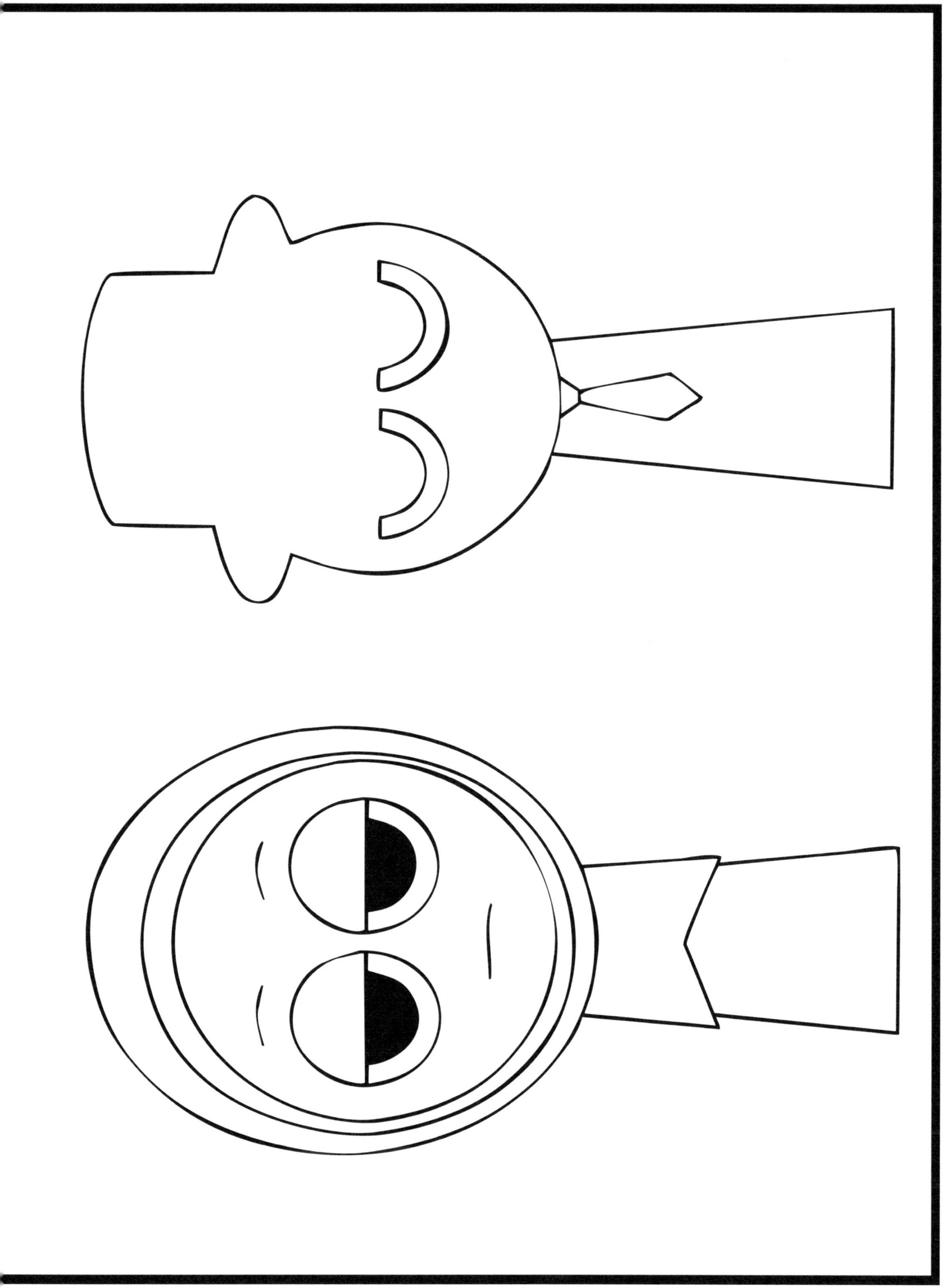

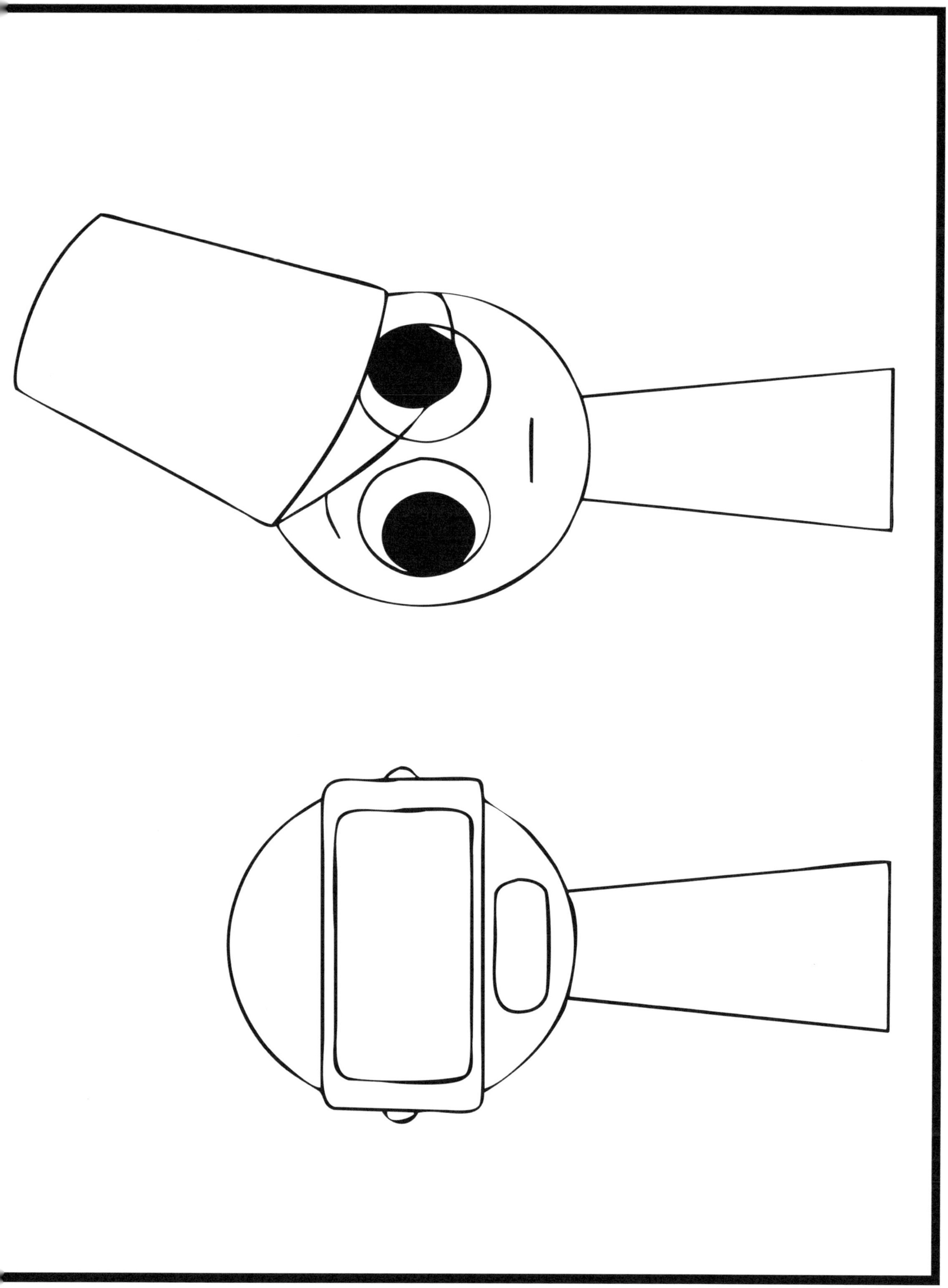

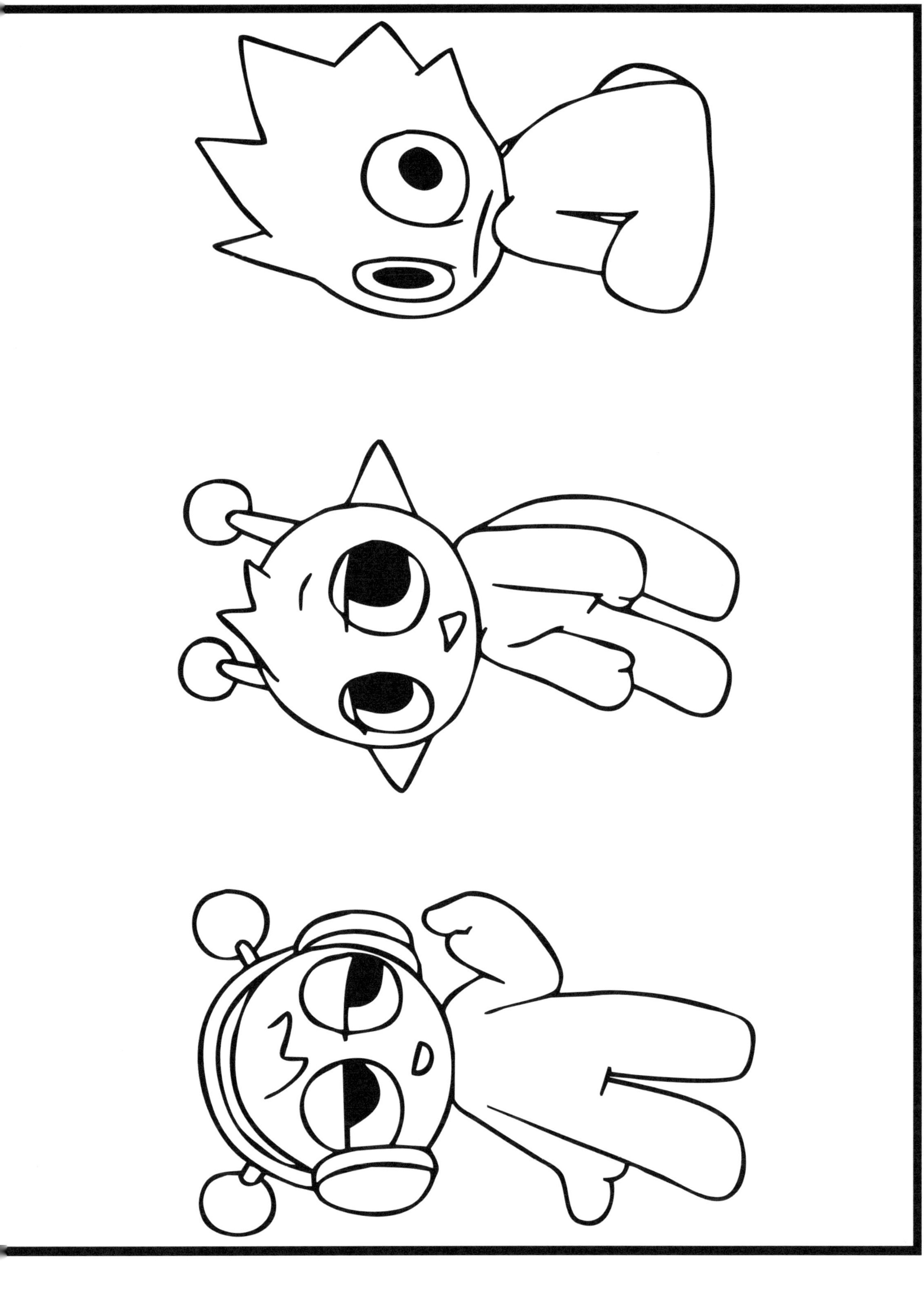

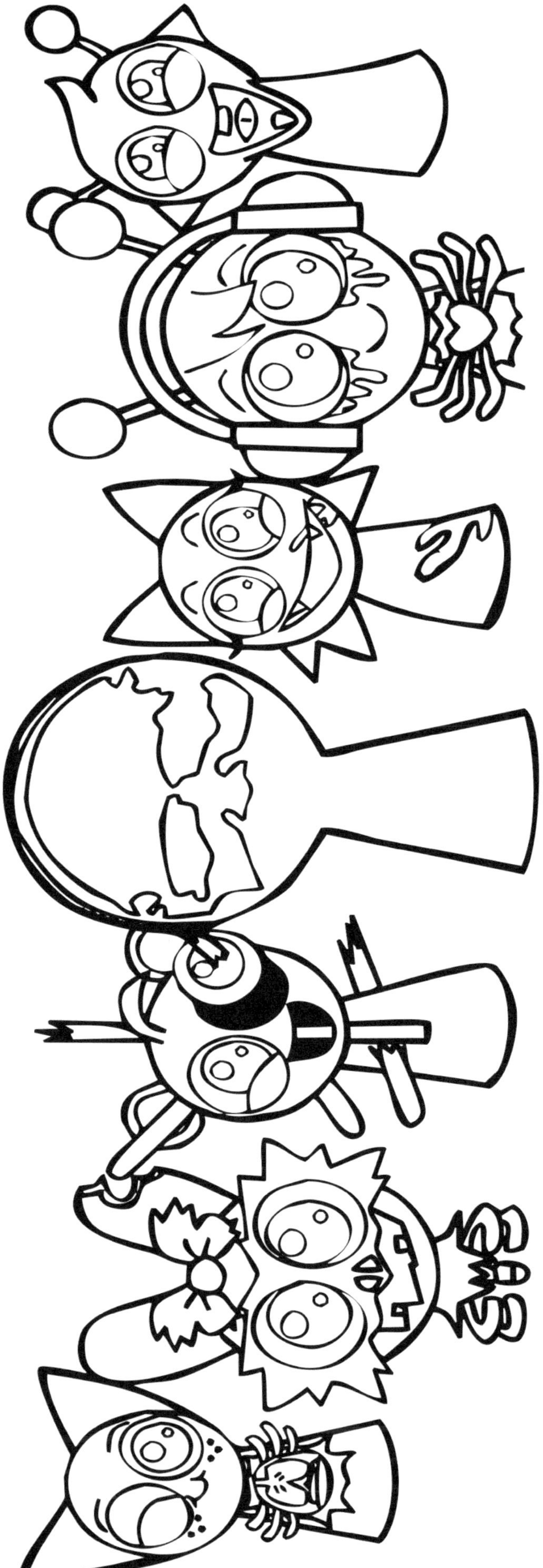

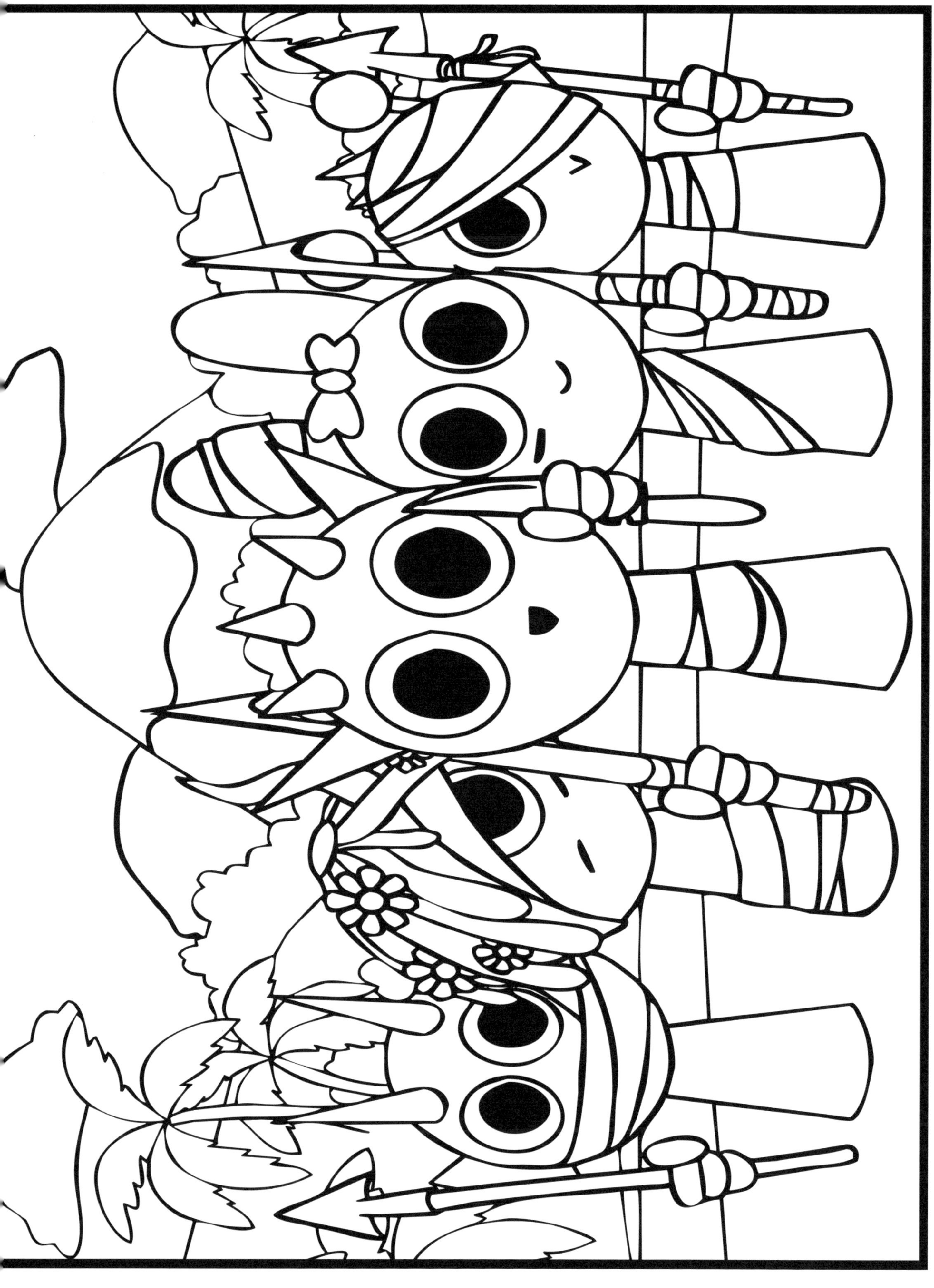

I BABY
I I

BEAT
Love
:D

Made in the USA
Thornton, CO
01/16/25 16:52:42

4d1129d9-2bba-4c24-a8be-ef7df9ddc8dcR01